NATIONAL
GEOGRAPHI

¿Qué ven?

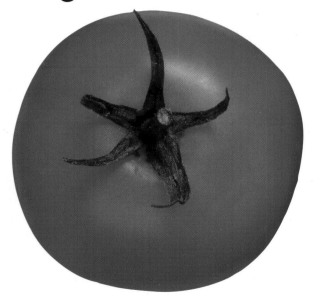

Simone Sanderson

Miren las frutas y las verduras.

De lo que ven, ¿qué es alargado y amarillo?

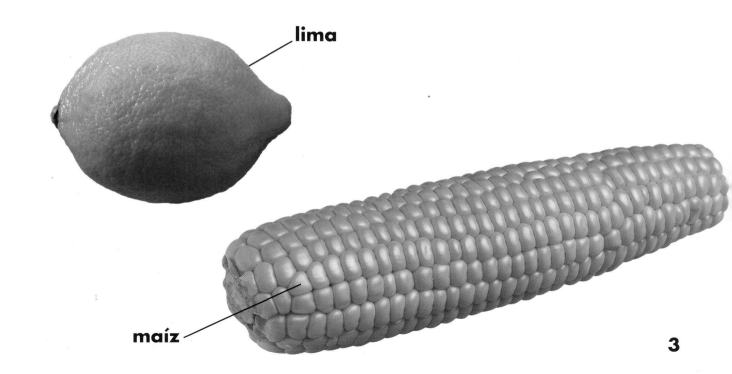

lima

maíz

El maíz es alargado y amarillo.

De lo que ven,
¿qué es pequeño y rojo?

tomate

cereza

5

Una cereza es pequeña y roja.

De lo que ven,
¿qué es grande y verde?

limón

sandía

7

Una sandía es grande y verde.

De lo que ven, ¿qué es alargado y naranja?

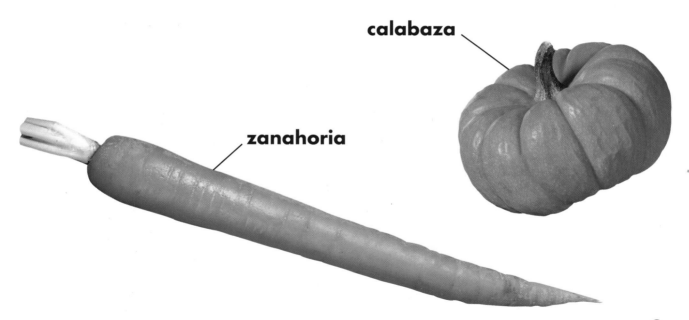

calabaza

zanahoria

Una zanahoria es alargada y naranja.

Miren todas las frutas y las verduras. ¡Pueden ver muchos colores diferentes!

calabaza naranja

bananas amarillas

semilla negra

arándanos azules

uvas moradas

pimiento rojo

lechuga verde

11

Glosario ilustrado

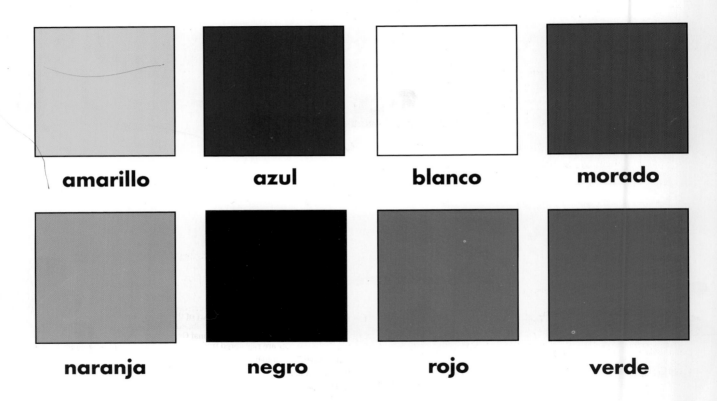

amarillo

azul

blanco

morado

naranja

negro

rojo

verde